Kiki lernt backen von A-Z

Nicole Gövert

Annette Oppenlander

Umschlaggestaltung, Illustration: Omnia Tulba, www.fiverr.com/moonydrawings
Herausgeber: Annette Oppenlander, Nicole Gövert
ISBN Taschenbuch: 978-3-948100-35-3

Bibliografische Information der Deutschen Nationalbibliothek:
Die Deutsche Nationalbibliothek verzeichnet diese Publikation in der Deutschen Nationalbibliografie; detaillierte bibliografische Daten sind im Internet über http://dnb.d-nb.de abrufbar.

DIESES BUCH GEHÖRT:

....

Inhalt

Süß?
Herzhaft?

Für Eltern und erwachsene Helfer

Damit das Backen Spaß macht und optimal gelingt

1. Lasst euer Kind/eure Kinder ein Rezept auswählen.
2. Lest das Rezept gemeinsam durch und besprecht die Zutaten.
3. Wascht Eure Hände, zieht Schürzen an.
4. Legt Zutaten und Utensilien bereit.
5. Arbeitet die Schritte gemeinsam nacheinander ab.
6. Während des Backvorgangs räumt zusammen auf oder spült.
7. Dann ist es an der Zeit zu probieren und zu loben.

Weitere Tipps fürs Backen mit Kindern

1. Lehrt, erklärt, beaufsichtigt und geht mit gutem Beispiel voran.
2. Nehmt euch Zeit und wenn nicht alles sofort gelingt, bleibt ruhig.
3. Akzeptiert, dass zum Lernen und Heranwachsen auch Fehler gehören (erwartet keine Perfektion).
4. Schaut euch gemeinsam Kiki an, lacht mit eurem Kind, und lasst euch nicht von unwichtigen Dingen ablenken, z.B. wenn die Kekse ungleichmäßig aussehen, der Teig nicht ganz durch oder verbrannt ist - es ist nur Essen.
5. Genießt die Zeit mit dem Kind und habt Spaß! Lasst euer Kind die Hände schmutzig machen, kosten, naschen und die Schüssel und die Rührbesen ablecken!

Einleitung

Einfach, ohne viel Zucker und andere ungesunde Zutaten, aber trotzdem lecker - das ist das Motto des Kiki Backbuchs.

In *Kiki lernt backen von A-Z* lernen Kinder ab fünf Jahre, wie sich mit ähnlichen Zutaten immer wieder neue wunderbare Backwaren kreieren lassen. Uns war wichtig, dass die Zutaten in fast jedem Haushalt zu finden sind, ohne dass Familien und Helfer erst einmal einkaufen gehen müssen. Das Backbuch enthält 26 Rezepte von A-Z, zu zwei Dritteln süß und einem Drittel herzhaft. Auch ungeschickten Händen gelingen diese Rezepte und stärken damit das Selbstbewusstsein des Kindes. Aber vor allem soll Backen Spaß machen - über die leckeren Kuchen, Kekse und herzhaften Backwerke freuen sich natürlich auch Familie und Freunde.

Auf geht's ins Backvergnügen!

Mehl

A wie Ameisen Apfelkrümel

400 g Dinkelmehl
100 g gemahlene Haselnüsse oder Mandeln
100 g Zucker
1 Pck Vanillezucker
1 Pck Backpulver
1 Tl Zimt
1 Ei
250 g weiche Butter
1 großes Glas Apfelmus (circa 720g)

1. Mische Mehl, gemahlene Nüsse, Zucker, Vanillezucker, Backpulver und Zimt in einer großen Schüssel.
2. Füge Ei und Butter hinzu und verarbeite alles mit dem Rührgerät oder mit den Händen zu Streuseln.
3. Gebe gut die Hälfte der Streusel in eine große Auflaufform und drücke sie am Boden fest. Verteile das Apfelmus auf dem Teig und streue die restlichen Streusel darauf.
4. Schiebe die Auflaufform in den vorgeheizten Backofen und backe den Kuchen bei 180°C Umluft oder 200° C Ober-/Unterhitze für circa 30 Minuten.

für 12 Muffins

250 g Mehl*
1 Pck Backpulver

50 g Zucker
1 Ei geschlagen
60 ml Öl*
250 ml Milch*
2 Handvoll frische oder gefrorene Beeren

1. Gebe alle Zutaten (bis auf die Beeren) in eine Schüssel und mische sie.
2. Rühre die Beeren unter und gebe den Teig in die Muffinformen.
3. Backe die Muffins bei 180 °C Umluft oder 200 °C Ober-/Unterhitze für circa 20 Minuten oder bis ein Holzstäbchen sauber herauskommt.

Tipp

Bei Mehl, Öl und Milch kannst Du deine Lieblingssorte wählen.

C wie Cowboy Chocolate Chip Cookies

300 g Dinkelmehl
1 Tl Natron
1 Tl Salz
100 g weiche Butter
50 g Zucker
50 g brauner Zucker
1 Pck Vanillezucker
2 Eier
100 - 200 g Schokoladenstückchen

1. Mische Mehl, Natron und Salz in einer kleinen Schüssel und stelle sie beiseite.
2. Schlage Butter, Zucker, braunen Zucker und Vanille in einer großen Schüssel cremig. Gebe die Eier einzeln dazu und rühre sie jedes Mal gut unter.
3. Menge die Mehlmischung portionsweise unter, füge dann die Schokostückchen hinzu.
4. Rolle den Teig in kleine Bällchen und setze sie auf ein Backblech mit Backpapier. Backe bei 190° C Umluft oder 200° C Ober-/Unterhitze für circa 10 Minuten.

D wie Dinosaurier Dinkelstangen

1 kleine Banane (ca 70 g)
250 g Dinkelmehl
40 ml Öl
90 g Apfelmus
1 Prise Salz

1. Zerdrücke die reife Banane mit einer Gabel. Verknete sie mit Mehl, Öl, Apfelmus und Salz zu einem Teig.
2. Forme aus dem fertigen Teig fingerdicke Rollen und schneide sie in verschieden lange Stücke.
3. Lege sie auf ein mit Backpapier belegtes Backblech und backe sie bei 180° C Umluft oder 200° C Ober-/Unterhitze für circa 20 Minuten.

Tipp

Vor dem Backen kannst du die Dinkelstangen mit Sesam, Mohn, gemahlenen Nüssen oder Kokosflocken bestreuen.

Mehl

E wie Eidechsen Eier Muffins

für 1-2 Portionen

2 Eier
2 Tl Milch
20 g geriebener Käse

Nach Wahl: Salz, Pfeffer, Dill, und/oder Schnittlauch

1. Schlage Eier in eine Schüssel. Füge Milch, Käse und beliebige Gewürze hinzu und mische alles gut.
2. Fülle die Mischung in zwei Muffinformen und backe sie bei 160° C Umluft oder 180° C Ober-/Unterhitze für circa 15 Minuten.

F wie farbiges Foccaciabrot

300 g Dinkelmehl
1 Tl Backpulver
½ Tl Salz
40 ml Olivenöl
circa 150 ml Wasser

Beliebige Beläge: Olivenöl, Salz, Rosmarin, Oregano, Sesam, Zwiebeln, Tomatenscheiben, Feta, Oliven, Paprikastreifen, Spargelstücke, Zucchinischeiben, Mais, Spinatblätter, usw.

1. Gebe Mehl, Backpulver und Salz in eine große Schüssel vermische alles gut.
2. Mische das Olivenöl unter.
3. Schütte das Wasser langsam dazu. Knete ein bisschen mit der Hand um alles gleichmäßig zu verteilen. Der Teig sollte weich sein, aber nicht klebrig (falls der Teig klebt, gebe noch ein bisschen Mehl dazu).
4. Fette eine Backform mit Butter ein und forme den Teig zu einem Fladen.
5. Verziere den Teig mit beliebigen Belägen (siehe oben).
6. Backe das Foccaciabrot auf einem mit Backpapier belegten Backblech bei 200 °C Umluft oder 220° Ober/Unterhitze für circa 20 Minuten oder bis der Teig goldbraun ist.

Salz
Zucker

G wie Gorilla Granola

3 Tassen Haferflocken
1 Tasse gemischte Nüsse
$\frac{1}{2}$ Tasse gemischte Kerne und Samen
1 Tl Zimt
$\frac{1}{2}$ Tl Salz
$\frac{1}{4}$ Tasse Öl, z.B. Rapsöl, Kokosöl
$\frac{1}{2}$ Tasse Honig, Ahornsirup, Agavendicksaft oder Zuckerrübensirup

1. Gebe Haferflocken, Nüsse, Kerne/Samen, Zimt und Salz in eine Schüssel und mische alles gut durcheinander.
2. Füge Öl und Honig/Sirup hinzu.
3. Verteile die Masse gleichmäßig auf einem mit Backpapier ausgelegten Backblech und backe bei 180°C Umluft oder 200°C Ober-/Unterhitze für circa 20 Minuten oder bis das Granola schön braun und knusprig ist.
4. Lasse das Granola auf dem Backblech komplett abkühlen, sodass es fest werden kann.

Tipp

Alternativ kannst du Schokotropfen, Rosinen, Cranberries oder Kokosflocken nach dem Backen dazumischen.

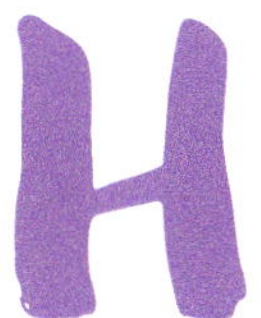

wie honigsüße Haferplätzchen

50 g gemahlene Haselnüsse
1 Tl Backpulver
130 g weiche Butter
1 Prise Salz
1 Prise Zimt
1 Ei
200 g grobe Haferflocken
50 g Honig
50 g Schokostücke, Rosinen oder Cranberries

1. Mische Haselnüsse und Backpulver in einer Schüssel.
2. Gebe Butter, Salz, Zimt und Ei hinzu und mische alles gut.
3. Rühre Haferflocken, Honig und Schokostücke, Rosinen oder Cranberries unter.
4. Mit einem Esslöffel setze walnussgroße Häufchen auf das mit Backpapier ausgelegte Backblech und drücke sie etwas flach.
5. Backe die Haferplätzchen bei 160 °C Umluft oder 180 °C Ober-/Unterhitze im vorgeheizten Ofen für circa 12 Minuten.

Tipp

Forme eher kleine Plätzchen, weil sie sonst schneller auseinanderfallen.

I wie Igel Kekse

250 g Mehl
½ Tl Backpulver
1 Pck Vanillezucker
50 g Zucker
10 g Kakao (optional – für dunklere Igel)
150 g Butter
1 Ei
50 g Schokotropfen
50 g gestiftete Mandeln

1. Verknete Mehl, Backpulver, Vanillezucker, Zucker, Kakao (optional), Butter und ein Ei zu einem gleichmäßigen Teig.
2. Rolle mit den Händen ca. 20 kleine Kugeln und forme mit den Fingern eine kleine Spitze als Igelschnauze.
3. Lege die Igel auf ein mit Backpapier ausgelegtes Backblech und dekoriere sie mit gestifteten Mandeln (Stacheln). Verwende Schokotropfen für Augen und Schnauze.
4. Backe die Igel bei 160 °C Umluft oder 180 °C Ober-/Unterhitze für circa 15 Minuten. Lasse sie vollständig auf dem Blech auskühlen, damit die Igel nachhärten können.

J wie jubelnde Jalapeno Käse Scones

250 g Dinkelmehl
½ Tl Salz
½ Pck Backpulver
60 g kalte Butter
100 g Cheddar oder anderer geriebener Käse
1-2 EL eingelegte Jalapeno-Scheiben
130 ml Milch oder Sahne

1. Vermische Mehl, Salz und Backpulver in einer großen Schüssel.
2. Füge kalte, gewürfelte Butter hinzu und vermische sie mit den Fingern.
3. Schneide die Jalapeno-Scheiben vorsichtig klein und füge sie mit dem geriebenen Käse hinzu.
4. Gieße Milch oder Sahne hinzu und mische sie kurz mit den trockenen Zutaten.
5. Lege den Teig auf eine leicht bemehlte Arbeitsplatte und knete ihn in eine rechteckige Form.
6. Schneide das Rechteck der Länge nach in zwei Hälften, dann jede Hälfte in 3 Portionen. Schneide dann die Rechtecke in Hälften.
7. Backe die Scones auf einem mit Backpapier ausgelegten Backblech bei 190 ° C Umluft oder 210°C Ober-/Unterhitze für 16 Minuten. Die Unterseiten sollten braun sein, die Oberseiten noch eine blasse, helle Farbe haben.

Käse

K wie köstliche Käse Kräcker

100 g geriebener Käse
200 g Dinkelmehl
50 g weiche Butter
½ Tl Salz
100 ml kaltes Wasser
Optional: ½ TL Zwiebelpulver, ½ Paprika Edelsüß

1. Geriebene Käse, Mehl, Butter, Salz, Paprikapulver und Zwiebelpulver in eine Schüssel geben und rühren.
2. Gib das kalte Wasser dazu und knete den Teig.
3. Der Teig in Frischhaltefolie packen und eine gute halbe Stunde in den Kühlschrank stellen.
4. Nach der Ruhezeit wird auf einer gut bemehlten Arbeitsfläche auf 2-3mm ausgerollt und ausgestochen (nehmt ein Glas wen ihr kein aussteche habt).
5. Die ungebackenen Kräcker auf ein mit Backpapier belegtes Backblech legen und kleine Löcher mit einer Gabel in die Teigstücke stechen.
6. Im vorgeheizten Ofen bei 180 °C Umluft oder 200°C Ober-/ Unterhitze backen bis sie gold-braun sind.
7. Vor dem Servieren sollten sie erst vollständig abkühlen (dabei werden sie erst richtig knusprig).

Milch

L wie lässiges Löwenbrot

400 g Mehl
1 Pck Backpulver
½ Tl Salz
230 ml Wasser
3 EL Honig
2 EL Olivenöl
Zum Verzieren: gehackte Nüsse, Zimt, Mohn, Rosinen

1. Vermische Mehl, Backpulver und Salz in einer großen Schüssel.
2. Gieße Wasser, Honig und Öl nach und knete so lange, bis ein glatter Teig entsteht.
3. Auf einem mit Backpapier ausgelegten Backblech forme von der Hälfte des Teigs eine Kugel für den Kopf. Von der zweiten Hälfte setze ein walnussgroßes Stück als Nase darauf, lege zwei weitere walnussgroße Stücke für die Ohren beiseite. Für die Mähne forme den Rest des Teigs zu einer Rolle und umlege damit den Kopf. Drücke die Rolle flach und zupfe sie etwas auseinander. Setze jetzt die Ohren auf und verziere sie mit gehackten Nüssen, stecke Rosinen als Augen und Mund auf den Kopf.
4. Bestreue die Mähne mit Zimt, optional mit gehackten Nüssen oder Mohn.
5. Backe den Löwenkopf bei 175 °C Umluft oder 200 °C Ober-/Unterhitze für circa 30 Minuten.

M wie märchenhaftes Maisbrot

120 g Dinkelmehl
120 g Maismehl
50 g Zucker
1 Tl Salz
1 Pck Backpulver
1 Ei
200 ml Milch
50 ml Öl

1. Mische Dinkelmehl, Maismehl, Zucker, Salz und Backpulver zusammen in einer großen Schüssel.
2. Gebe Ei, Milch und Öl dazu und mische alles unter.
3. Gebe die Mischung in eine eingefettete Kastenform ein und backe bei 200 °C Umluft oder 220 °C Ober-/Unterhitze für circa 20 Minuten.

Haselnüsse

N wie noble Nusshörnchen

100 g weiche Butter
100 g Crème Fraîche
150 g Dinkelmehl
50 g brauner Zucker
1 Tl Zimt
50 g gemahlene Haselnüsse

1. In einer Schüssel verknete Butter, Crème fraîche und Mehl zu einem Teig und stelle ihn eine Stunde kalt.
2. Vermenge Zucker, Zimt und Haselnüsse in einer kleinen Schüssel und verteile 2 EL auf der Arbeitsfläche.
3. Rolle den Teig darauf dünn zu einem Rechteck aus. Streue die restliche Zucker-Nuss-Mischung darauf und schneide den Teig in schmale Dreiecke.
4. Rolle die Dreiecke von der kurzen Seite bis zur Spitze zu Hörnchen auf.
5. Setze sie auf ein mit Backpapier belegtes Backblech und backe die Hörnchen bei 175 °C Umluft oder 200 °C Ober-/Unterhitze für 12-15 Minuten.

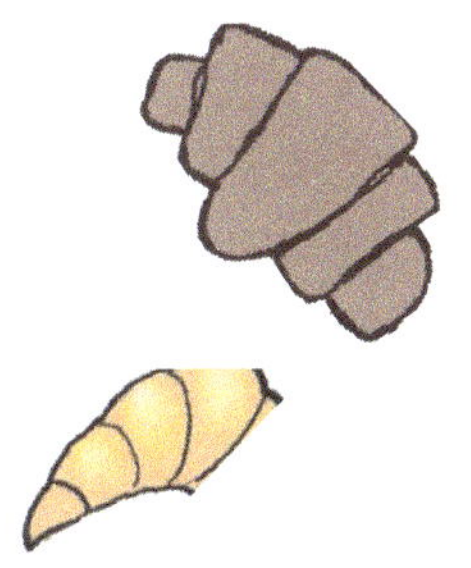

O wie Omas Orangenkuchen

1 Bio Orange
225 g Mehl
50 g Zucker
2 Tl Backpulver
2 Eier
100 ml Sonnenblumen- oder Rapsöl
125 g Naturjoghurt

1. Wasche die Orange und reibe die Schale ab. Halbiere sie und presse den Saft aus. Stelle den Saft zur Seite.
2. Gebe den Orangenabrieb, Mehl, Zucker und Backpulver in eine Schüssel und vermische die Zutaten miteinander.
3. Füge dann Eier, Öl, Joghurt und Orangensaft hinzu und verrühre alles zu einem glatten Teig.
4. Fette eine kleine Kastenform mit etwas Butter ein und verteile den Teig mit einem Löffel gleichmäßig.
5. Backe den Kuchen für etwa eine halbe Stunde bei 180 °C Umluft oder 200 °C Ober-/Unterhitze.

Tipp Wenn ihr es süßer mögt, stellt aus 100 g Puderzucker und 1 bis 1 $\frac{1}{2}$ EL Orangensaft eine Glasur her und verteilt sie auf dem ausgekühlten Kuchen.

P wie pilzige Pizza

200 g Dinkelmehl
2 Tl Backpulver
$\frac{3}{4}$ Tl Salz
2 EL Olivenöl
125 ml Wasser (still, kalt)
Belag: Pilze, Tomaten, Salami, Ananas, Schinken, Mais usw.

1. Mische Mehl, Backpulver und Salz zusammen.
2. Füge Olivenöl und Wasser hinzu.
3. Streue einen EL extra Mehl auf die Arbeitsplatte und knete den Teig für 3-4 Minuten.
4. Rolle den Teig aus und lege ihn auf ein mit Backpapier belegtes Backblech.
5. Verteile Pizzasauce und beliebige Zutaten darauf.
6. Backe bei 220 °C Umluft oder 240 °C Ober-/Unterhitze für circa 12 Minuten.

Tipp

Einfache Pizzasauce: In einer Schüssel mische eine Dose (circa 400-500g) passierte Tomaten, 1 EL Olivenöl und Gewürze (Basilikum, Oregano, Salz, Pfeffer), optional Zwiebeln und Knoblauch zusammen. Die Sauce reicht für 2 Portionen Pizzateig.

250 g Quark
80 ml Öl
50 g Zucker (wer es nicht so süß mag, lässt den Zucker ganz weg)
275 g Mehl
1 Pck Backpulver
$\frac{1}{2}$ Tl Zimt
2 süße, saftige Äpfel oder 100 g Apfelmus (falls du Apfelmus nutzt, brauchst Du etwas mehr Mehl)

1. Rühre Quark, Öl und Zucker in einer Schüssel zusammen.
2. Gebe Mehl, Backpulver und Zimt dazu und mische alles nochmal.
3. Schäle und schneide die Äpfel in kleine Würfel. Knete die Apfelwürfel unter den Teig oder gebe das Apfelmus mit dem zusätzlichen Mehl dazu.
4. Forme zehn Bällchen aus dem Teig und lege sie auf ein mit Backpapier ausgelegtes Backblech.
5. Backe die Bällchen bei 160 °C Umluft oder 180 °C Ober-/Unterhitze für circa 20-25 Minuten.

R wie riesiger Rührkuchen

200 g weiche Butter
100 g Zucker
1 Pck Vanillezucker
1 Prise Salz
3 Eier
400 g Dinkelmehl
1 Pck Backpulver
6-8 EL Milch/Pflanzenmilch
3-4 EL Backkakao
150 g Zartbitterkuvertüre oder dunkle Schokolade

1. Schlage die weiche Butter mit Zucker, Vanillezucker und Salz in einer großen Schüssel schaumig. Gebe nach und nach die Eier dazu.
2. Gebe das Mehl mit dem Backpulver dazu, rühre beides mit der Milch unter.
3. Fülle zwischen einem Drittel und der Hälfte des Teiges in eine gefettete Gugelhupf Backform. Gebe den Kakao zum verbleibenden Teig und rühre alles gut unter.
4. Gebe den dunklen Teig in die Gugelhupf Form und mische mit einer Gabel in der Form Kreise, damit eine Marmorierung entsteht.
5. Backe bei 180 °C Umluft oder 200 °C Ober-/Unterhitze für circa 50-60 Minuten und überziehe den erkalteten Kuchen mit der geschmolzenen Kuvertüre.

Schneebällchen
220 g Mehl
½ Tl Salz
½ Tl Backpulver
Salz
Öl
Mehl

S wie saftige Schneebällchen

80 ml Öl
50 g weiche Butter
50 g Zucker
60 g Kakaopulver
1 Pck Vanillezucker
1 Ei
220 g Mehl
½ Tl Salz
½ Tl Backpulver
2 EL Puderzucker

1. Gebe Öl, Butter, Zucker, Kakaopulver, Vanillezucker und Ei in eine Schüssel und vermische alles.
2. In einer zweiten Schüssel mische Mehl, Salz und Backpulver zusammen und vermische alles mit dem Teigschaber in der ersten Schüssel.
3. Forme Bällchen und rolle sie in etwas Puderzucker, setze sie auf ein Backblech mit Backpapier.
4. Backe die Schneebällchen bei 190 °C Umluft oder 210 °C Ober-/Unterhitze für 10 Minuten.

Thunfisch

T wie Thunfischtaschen

1 Paket frischen Blätterteig
2 Tomaten
1 kleine Zwiebel
1 Dose Thunfisch
½ Tl Salz
½ Tl Paprikapulver
½ Tl Oregano
1 Prise Pfeffer
3 EL geriebener Käse
2 EL Créme Fraîche

1. Zerhacke Tomaten und geschälte Zwiebel mit dem Gemüseschneider und gebe sie in eine Schüssel.
2. Lasse den Thunfisch abtropfen, zerpflücke ihn mit einer Gabel und gebe ihn zu den Tomaten/Zwiebeln. Würze mit Salz, Paprikapulver, Oregano und Salz, füge Käse und Créme Fraîche hinzu und vermenge alles gut miteinander.
3. Rolle den Blätterteig aus und schneide 6-8 Rechtecke aus. Gebe jeweils 1 EL der Thunfisch Masse auf die Quadrate und klappe den Teig darüber.
4. Drücke die Teigränder mit Hilfe einer Gabel zusammen.
5. Lege die Teigtaschen auf ein mit Backpapier ausgelegtes Backblech und backe sie bei 180 °C Umluft oder 200 °C Ober-/Unterhitze für circa 20 Minuten.

U wie urige Urdinkelkekse

250 g Vollkorn Dinkelmehl
160 g Butter
60 g Rohrzucker

1. Fülle alle Zutaten in eine Rührschüssel und verknete sie, bis ein glatter Teig entsteht.
2. Drücke den Teig auf etwas Mehl flach (etwa 1 cm dick) und steche beliebige Formen aus. Wer keine zur Hand hat, kann zwei oder drei unterschiedlich große Gläser nehmen und damit runde Kekse ausstechen.
3. Lege die Kekse auf ein mit Backpapier ausgelegtes Backblech und backe sie bei 160 °C Umluft oder 180 °C für circa 25 Minuten.

V wie verlockende Vanille Haselnuss Scones

250 g Dinkelmehl
½ Tl Salz
½ Pck Backpulver
1 Vanillezucker
80 g gemahlene Haselnüsse
60 g kalte Butter
150 ml Milch oder Sahne

1. Vermische Mehl, Salz, Backpulver, Vanillezucker und Haselnüsse in einer großen Schüssel.
2. Füge kalte, gewürfelte Butter hinzu und vermische sie mit Fingern.
3. Gieße die Milch oder Sahne hinzu und mische sie kurz mit den trockenen Zutaten.
4. Lege den Teig auf eine leicht bemehlte Arbeitsplatte und knete ihn in eine rechteckige Form.
5. Schneide das Rechteck der Länge nach in zwei Hälften, dann jede Hälfte in 3-4 quadratische Portionen. Schneide dann die Quadrate diagonal in Hälften (für Dreiecksformen).
6. Lege die Scones auf Backpapier und backe sie bei 190 ° C Umluft oder 210°C Ober-/Unterhitze für 16 Minuten. Die Unterseiten sollten braun sein, die Oberseiten noch eine blasse, helle Farbe haben.

W wie warme Walross Waffeln

250 g Mehl
1 Tl Backpulver
1 Tl Zimt
½ Tl Salz
2 Eier
350 ml Milch
30 ml Öl
50 g gemahlene oder gehackte Walnüsse

1. Gebe Mehl, Backpulver, Zimt und Salz in eine Rührschüssel.
2. Gebe Eier, Milch und Öl dazu und verrühre alles mit einem Mixer oder Schneebesen.
3. Füge die Walnüsse hinzu.
4. Falls der Teig zu dick ist, gebe einige EL Wasser dazu.
5. Backe jeweils eine Kelle Teig im Waffeleisen.

Tipp

Zu den Waffeln passen z.B. Puderzucker, Marmelade, geschlagene Sahne, Milchreis, Kirschen oder anderes frisches Obst.

X wie eXtrem leckerer Käsekuchen

4 Eier
125 g weiche Butter
100 g Zucker
1 EL Zitronensaft
Schale von einer Zitrone
1 Pck Vanillezucker
130 g Dinkelmehl
2 EL Stärke
1 Tl Backpulver
1 kg Quark
1 Prise Salz
1 Dose Früchte nach Wahl: Pfirsiche, Mandarinen oder Kirschen

1. Separiere die Eier: Eigelbe kommen in eine große Schüssel, schlage Eiweiß mit einer Prise Salz in einer separaten kleinen Schüssel steif.
2. Mixe die Eigelbe mit der Butter und füge Zucker, Zitronensaft, Zitronenschale und Vanillezucker hinzu.
3. Vermische Mehl, Stärke und Backpulver und füge sie zum Teig, rühre den Quark unter.
4. Hebe vorsichtig den Eischnee mit den Früchten unter, gebe die Mischung in eine Springform und backe den Käsekuchen bei 170 °C Umluft oder 190 °C Ober-/Unterhitze für circa 50 Minuten.

Milch
Mehl
Öl
Salz

Y wie YoYo Joghurt Biskuits

150 g Dinkelmehl
1 ½ Tl Backpulver
¼ Tl Salz
150 g griechischen Joghurt
Optionale Zutaten: Kräuter, geriebener Käse, Olivenstücken, trockene Tomatenstücke, Speckwürfel, usw.

1. Gebe Mehl, Backpulver, Salz, Joghurt und optionale Zutaten in eine Schüssel und mische alles gut durch.
2. Forme vier Biskuits auf einem mit Backpapier ausgelegten Backblech und backe sie bei 180 °C Umluft oder 200 °C für 15 - 20 Minuten.

www.ingramcontent.com/pod-product-compliance
Ingram Content Group UK Ltd.
Pitfield, Milton Keynes, MK11 3LW, UK
UKHW061950290726
14090UKWH00021B/1157

9 783948 100353

Z wie zuckersüße Zimt Schnecken

350 g Dinkelmehl oder 300 g Vollkornmehl
2 EL Zucker
1 EL Backpulver
1 Prise Salz
60 g weiche Butter
200 ml Kuh- oder Pflanzenmilch

Tipp: Wenn ihr es süßer mögt, guckt euch die Glasur auf Seite 29 an und nehmt anstatt Orangensaft Wasser.

Zimt-Füllung
50 g weiche Butter
1 EL Zucker
1 EL Zimt gemahlen

1. Mische Mehl, Zucker, Backpulver und Salz in einer Schüssel. Rühre die weiche Butter dazu, bis eine krümelige Masse entsteht. Mische die Milch dazu und mixe alles zu einem weichen Teig zusammen.
2. Verteile 2 EL Mehl auf einer Arbeitsfläche und rolle den Teig zu einem flachen Rechteck aus. Bestreiche die Oberfläche mit Butter, bestreue sie mit Zimt und Zucker. Rolle den Teig von der Längsseite auf und schneide die Teigrolle mit einem scharfen Messer in 12 Teile.
3. Verteile die Zimtschnecken auf dem mit Backpapier ausgelegten Backblech und backe sie bei 180 °C Umluft oder 200 °C Ober-/Unterhitze für circa 15-20 Minuten goldbraun.

Backkategorien

Brot

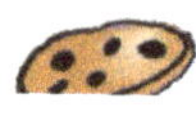

Farbiges Foccaciabrot
Lässiges Löwenbrot
Märchenhaftes Maisbrot

Frühstück

Eidechsen Eier Muffins
Gorilla Granola
Warme Walross Waffeln

Herzhaftes

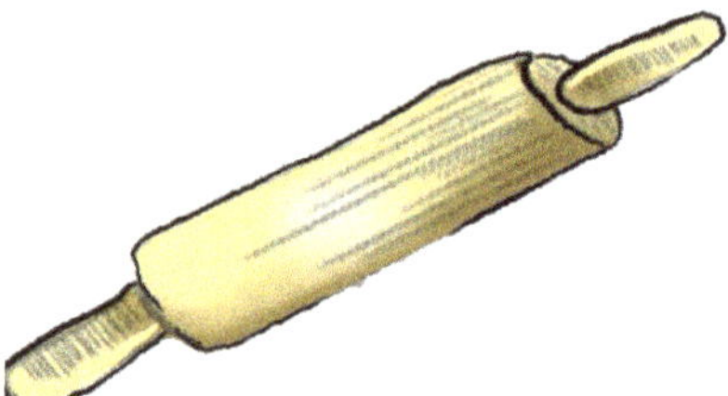

Eidechsen Eier Muffins
Jubelnde Jalapeno Käse Scones
Pilzige Pizza
Thunfisch Taschen

Kekse/Plätzchen

Cowboy Chocolate Chip Cookies
Honigsüße Haferkekse
Igel Kekse
Urige Urdinkelkekse

Kuchen

Snacks

Süße Naschereien

Was Kinder vom gemeinsamen Backen lernen

Backen ist eine Lebenskompetenz, die die sozial-emotionale Entwicklung, körperliche Entwicklung, kognitive Entwicklung und Sprachentwicklung der Kinder fördern. Hier sind noch 10 Gründe, gemeinsam mit Kindern zu backen:

1. Stärkung von Familienzusammenhalt und Sozialverhalten
2. Lebensmittelerziehung: Woher kommt mein Essen? Wie ist es verpackt?
3. Unabhängiges Denken und Handeln
4. Kreativität
5. Organisation
6. Lesen, mathematische Konzepte und Messen
7. Vertraut werden mit Zutaten und ihren Eigenschaften
8. Stärkung von Kompetenzen, Zuversicht und Fähigkeit, z.B. Küchengeräte bedienen lernen
9. Kennenlernen neuer Lebensmittel und u.U. Verbessern von Ernährungsgewohnheiten
10. Feinmotorik und Auge-Hand koordinative Fähigkeiten durch Mischen, Pressen und Verteilen entwickeln.

Über die Autorinnen

Nicole Gövert

Nicole Gövert hatte schon lange vor, Kinderbücher zu schreiben nd jetzt ist es endlich so weit. ***Kiki lernt backen von A-Z*** ist Nicoles erstes veröffentlichtes Buch.

Annette Oppenlander

Annette Oppenlander ist für ihre historischen Romane bekannt, träumte aber schon seit mehr als zwanzig Jahren davon, Kinderbücher zu schreiben. Den letzten Kick gab ihr die Geburt ihres ersten Enkelkindes Zoe.